THÈSE

DE

LICENCE.

THÈSE
DE
LICENCE

ACTE PUBLIC

POUR

LA LICENCE

En exécution de l'Article 4, Titre 2, de la Loi du 22 Ventôse an XII.

SOUTENU

Par M. SÈBE (Frédéric),

Né à Argelès-sur-Mer (Pyrénées-Orientales).

TOULOUSE,

Typographie Troyes OUVRIERS REUNIS,
Rue Saint-Pantaléon, 3.

1859.

MEIS

ET

AMICIS.

Jus Romanum.

De obligatione pura, in diem, sub conditione. — De obligatione alternativa.

Inst. Just. Lib. III, Tit. XV, §§ 2, 6. — L. 8, Dig. Lib. XVIII, Tit. VI. — L. 95 princip. et § 1, Dig. Lib. XLVI, Tit. III.

Definita est obligatio juris vinculum, quo necessitate adstringimur alicujus solvendæ rei secundum nostræ civitatis jura (Inst. Just. Lib. III, Tit. XIII, Princip).

In quatuor species possunt dividi omnes obligationes : aut enim ex contractu sunt, aut quasi ex contractu, aut ex maleficio, aut quasi ex maleficio (Inst. Just.; lib. III, tit. XIII, ₂ 2).

Quarum obligationum solas videbimus quæ ex contractu nascuntur, quarum æque quatuor sunt species : aut enim re contrahuntur, aut verbis, aut litteris, aut consensu (Inst. Just., *ibid.*). Præteritis alteris speciebus, de his obligationibus quæ verbis contrahuntur aliquid est discendum.

Verbis obligatio contrahitur ex interrogatione et responsione, cum quid dari fierive nobis stipulamur (Inst. Just., lib. III, tit. XV, Princip.). Interrogationi nomen datum est *stipulatio*; responsioni, *promissio*. Qui interoogat *stipulator*, aut *reus stipulandi* appellatus est; qui respondet, *promissor* aut *reus promittendi*. Inde, stipulatio pars solummodo est actus ex quo nascitur obligatio. Definita est verborum conceptio ad quam quis congrue interrogatus respondet veluti : *spondes? Spondeo; fidei tuæ erit? Fidei meæ erit* (Paul, Sent. 2, 3). Usus tamen est stipulationem vocare actum ipsum ex quo nascitur obligatio.

Varii sunt modi stipulationum. Interrogatio enim sic esse potest: *Quinque aureos mihi dare spondes?* Quæ stipulatio *pura* dicitur. Sed si diem adjecerit stipulator ad solutionem veluti : *Decem aureos primis calendis Martii dare spondes? In diem* erit stipulatio. *Sub conditione* dicitur, cum in aliquem casum differtur obligatio veluti : *Si Titius consul fuerit factus, quinque aureos dare spondes?* Item stipulari licet duas res aut etiam plures, quarum tamen unius traditione liberabitur promissor, veluti : *Stichum aut Pamphilium dare spondes?* Quæ stipulatio *alternativa* dicitur. Item obligatio est pura, aut in diem, aut sub conditione, aut alternativa. De quibus obligationum variis modis nunc aliquid est dicendum.

De obligatione pura.

Obligatio quæ ex stipulatione pura nascitur statim vim habet ut perfecta sit stipulatio. Sic si ita stipuleris : *Quinque aureos mihi dare spondes?* Statim ut responsio facta fuerit, erit et obligatio, et confestim peti poterunt quinque aurei. Id est, cum stipulatio fit pura, statim jus nascitur et exigi potest, quod ita dici potest : ubi purè quis stipulatus fuerit, et cessit et venit dies.

Hoc tamen notandum est, scilicet : obligationis quamvis puræ solutio aliquando ex re ipsa dilationem capit, veluti si id quod in utero sit aliquis stipulatus sit (l. 44, Dig. De verborum obligatione). Aliquando autem tacite dilationem capit, sic qui Carthagini dari stipulatur, cum Romæ sit, tacite tempus complecti videtur quo perveniri Carthaginem potest.

De obligatione in diem.

In diem dicitur obligatio, cum in stipulatione dies adjectus est quo pecunia solvetur. In qua obligatione jus exstat statim ut perfecta sit stipulatio, sed tamen solutionem exigere creditor nequit ante diem in stipulatione dictum.

Pro promissore dies videtur adjectus. Inde si creditor (is est stipulator) rem ante diem peteret, pluris petitionis pœnam haberet. Item debitor (is est promissor) jus habet repetendi omnia quæ antè diem dedit.

Nunc nobis notandæ sunt omnes variationes quas habuit Jus Romanum, in eligendo die. Sic, vivente Gaio, non poterat eligi dies post mortem alterutrius rei, nisi adstipulator quidam adjectus fuisset, quia inelegans visum est ex heredis persona obligationem incipere (Gaii Com. 3, § 100). Neque non licebat stipulari *pridie quam moriar* vel *pridie quam morieris*, et tamen, quod difficile intelligi potest, licebat stipulari *cum moriar* aut *cum morieris*. Quarum restrictionum, Justiniano regnante, nulla exstat. Omnibus licet diem eligere quem volunt ad solvendam obligationem.

De obligatione sub conditione.

Sub conditione obligatio fit, cum in aliquem casum differtur, ut si aliquid factum fuerit aut non fuerit. Quæ obligatio non exstat statim ut perfecta sit stipulatio. Tunc nullum jus habet creditor, sed tantum juris alicujus spem; jus nascetur solummodo ad casus eventum. Sunt quidem obligationes quæ nasci possunt solummodo ad mortem stipulatoris, veluti si aliquis ita stipuletur : *Si in Capitolium non ascendero dare spondes ?* Stipulator enim , dum vivit , in Capitolium ascendere potest et deinceps nulla erit obligatio. Sed , cum morietur, tunc certum erit illum in Capitolium nunquam ascensurum, tunc quoque erit obligatio.

Conditio ex qua nascitur obligatio futura et incerta esse debet. Enim vero si jam venisset, pura esset obligatio quoniam simul jus esset et stipulatio. Si certus esset conditionis eventus, non conditio videretur esse sed potius dies incertus.

Notandum est conditionem nasci posse aut ex sorte , aut ex voluntate alicujus rei , aut ex alterutra harum causarum. Valent obligationes , cum conditio ex sorte aut ex stipulatoris voluntate nascitur ; sed nulla promissio constitui potest quæ ex voluntate promittentis statum capit. (L. 108 Dig. De verborum oblig.)

Nulla obligatio fit cum impossibilis est conditio. Quod notandum est. Legata enim nunquam impossibilibus conditionibus inficiuntur. Quæ differentia difficile intelligi potest et a Sabinis admissa fuit , sed non a Proculeis.

Hoc tamen notandum est scilicet : si conditio impossibilis ex natura , non faciendi esset, veluti si quis ita stipulatus esset : *Si digito cœlum non attigero dare spondes ?* Obligatio exstat sed pura.

Ex conditione contra mores nunquam obligatio nasci potest, quamvis non faciendi sit conditio.

Statim ut perfecta sit obligatio, res stipulatoris periculo exstat.

Si pendente conditione res exstinctâ fuerit, si conditio exstiterit, nihil petere poterit stipulator ; et si pendente conditione , res deterior effecta fuerit , si conditio exstiterit, rem , sicut erit, dabit debitor. Nulla enim est obligatio tamdiu conditio non exstat.

De obligatione alternativa.

Obligatio duas res habere potest quarum unius præstatione solutus erit debitor, ut si quis ita stipuletur : *Stichum aut Pamphilium dare spon-des?* In qua stipulatione creditor certe duos homines promittit Stichum et Pamphilium, sed non promittit se hos duos homines daturum, sed tantum unum ex his et sane liberabitur unius traditione.

Ques obligatio alternativa dicitur?

Statim ut perfecta sit stipulatio, exstat obligatio et creditor petere potest præstationem promissam, nisi adjecta fuerit dies vel conditio quædam. In quibus casibus, si scire velimus quando erit obligatio, et quando creditor solutionem petere poterit, referendum est in id quod supra diximus de obligationibus in diem vel sub conditione.

In obligatione alternativa sciendum est cujus aut creditoris aut debitoris sit electio inter duas res promissas. Nisi aliter fuerit in stipulatione dictum , debitoris semper erit electio.

In quo casu, si quis Stichum aut Pamphilium dare promiserit ; si alter decesserit, eum qui vivit præstare debebit , et si posteà alter quoque decesserit, nihil ex stipulatu peti poterit. Attamen si debitoris culpa quædam esset , doli actio non immerito desiderabitur. Quod non erit , si fidejussor promissum hominem interfecisset , quia enim fidejussor ex stipulatu actione solum tenetur.

Quod si creditoris esset electio : altero mortuo, qui vivit solus petetur, nisi mora facta sit in eo mortuo quem petitor elegit. Enim vero si mora facta fuisset, æstimationem defuncti creditor petere poterit. Mora enim pro culpa habetur, et creditor qui jam elegit rem præstandam non culpam ferre debet debitoris.

QUÆSTIONES.

Potest-ne dies incertus obligationi dari ?

Potest, sed obligatio in diem videbitur si dies incertus sane venire debet ; si contra non certum est diem venturum esse, sub conditione erit obligatio ?

Potestne spes obligationis , quæ ex stipulatione sub conditione nascitur , ad hæredem transmitti ? —Potest.

Si pendente conditione res obligationis tradita fuisset, poteritne debitor
eam repetere ? — Poterit.

Potestne in stipulatione dies dari quo obligationis finis erit ?

Talis stipulatio valet ut pura , et perpetuatur , sed cum dies venerit ,
creditor pacti exceptione submovebitur.

Code Napoléon.

—

Jouissance et privation des droits civils.

(Art. 7 à 35.)

Le titre Ier du livre I du Code Napoléon est divisé en deux cha-
pitres. Le premier traite de la jouissance des droits civils ; le second
de la privation de ces mêmes droits.

CHAPITRE Ier.

Jouissance des droits civils.

On appelle *droits civils* les facultés qui s'exercent dans les rapports des
personnes privées entr'elles et que confère la loi civile. Il ne faut pas

confondre ces droits avec ceux qui sont appelés *civiques* et qui sont attachés à la qualité de *citoyen*. L'art. 7 du Code Nap. nous dit , en effet , que l'exercice des droits civils est indépendant de la qualité de citoyen. La qualité de citoyen dérive du droit public ou politique , et ce n'est pas de ce droit que traite le Code Napoléon. Il règle seulement les droits *privés* , c'est-à-dire ceux qui naissent des rapports de particulier à particulier.

Quels sont ceux qui ont la jouissance des droits civils?

Ce sont les Français (art. 8). La qualité de Français est la seule requise pour jouir des droits civils.

Il ne faut pas confondre la jouissance des droits civils avec l'exercice de ces mêmes droits. La jouissance, c'est la possession. Tout Français jouit de tous les droits civils, mais , il arrive souvent qu'il soit privé de l'exercice , c'est-à-dire de l'usage de tous ou de quelques-uns de ces droits. Ceux qui n'ont pas l'exercice de tous les droits civils , sont dits *incapables ;* ainsi les mineurs , les femmes mariées , etc. , sont incapables.

Puisque pour avoir la jouissance des droits civils , il faut être Français , il importe de savoir quels sont ceux à qui la loi reconnaît la qualité de Français.

On peut être Français de naissance , ou bien par un événement postérieur à la naissance , et auquel cet avantage a été attaché par une loi.

Des Français de naissance.

Dans notre ancien Droit , l'on était Français par le seul fait de la uaissance sur le territoire français. Cette règle n'est pas admise dans le Droit moderne. L'enfant suit aujourd'hui la condition de son père. Ainsi qu'un enfant naisse en France ou à l'étranger (art. 10), peu importe , il sera Français si son père est Français. La solution est la même , qu'il soit légitime ou naturel, pourvu , dans ce dernier cas , qu'il ait été légalement reconnu par son père. A défaut de reconnaissance de la part

de son père , l'enfant suivra la condition de sa mère. Mais que décider
dans le cas d'un enfant naturel qui n'aurait été reconnu ni par son père,
ni par sa mère ? L'ancienne règle devra alors reprendre sa force. Le lieu
de la naissance de l'enfant fixera sa nationalité.

Mais à quel moment faut-il se reporter pour fixer l'état d'une personne ; est-ce à l'instant de sa naissance, ou à celui de sa conception ?
Si l'enfant suit la condition de son père , c'est au moment de la conception qu'il faut se reporter. Si , au contraire, il suit la condition de sa
mère, ce sera celle qu'elle avait au moment de la naissance qu'il faudra
envisager. Il faut observer néanmoins que cette dernière règle souffre
une exception de faveur. L'enfant né d'une femme étrangère , et suivant
la condition de sa mère , sera Français si la mère était Française au
moment de la conception : *Infans conceptus pro nato habetur quoties de
commodis ejus agitur* , telle est la règle. Le Code Napoléon nous en donne
plusieurs exemples d'application, et aux yeux de la loi française, il vaut
mieux être Français qu'étranger.

C'est pour un motif semblable que l'on peut déclarer Français l'enfant
dont la mère a été Française à un moment quelconque de la grossesse.

La qualité de Français se fixe, avons-nous vu, d'après la condition
des parents. Par réciprocité , tout individu, quoique né en France , fils
de parents étrangers , est étranger. Cependant cette règle devait recevoir
un tempérament. La loi ne devait pas traiter avec la même rigueur
l'étranger qui est né sur le sol français que celui qui est né à l'étranger.
Les rédacteurs du Code Napoléon ont senti la différence qui devait exister
entre ces deux classes d'étrangers, et ils ont rendu plus facile aux pre-
miers l'obtention de la qualité de Français. Une loi du 7 février 1851 a
été plus loin. Elle a déclaré Français dès sa naissance (art. 1) tout individu né en France d'un Français qui lui-même y est né , à moins que
dans l'année qui suivra sa majorité , telle qu'elle est fixée par la loi
Française, il ne réclame la qualité d'étranger par une déclaration faite
devant l'autorité municipale du lieu de sa résidence , soit devant les
agents diplomatiques ou consulaires accrédités en France par le pays
étranger.

De ceux qui deviennent Français postérieurement à leur naissance.

Ceux qui ne sont pas nés Français peuvent le devenir, soit par un bienfait de la loi, soit par un acte du gouvernement autorisé par la loi.

Ceux qui le deviennent, par un bienfait de la loi, sont privilégiés. Il suffit qu'ils remplissent les conditions exigées pour qu'immédiatement ils soient Français.

Deviennent Français par un bienfait de la loi :

1o L'enfant né en France d'un étranger né hors de France, qui réclame la qualité de Français dans l'année qui suit l'époque de sa majorité, pourvu que, dans le cas où il résiderait en France, il déclare que son intention est d'y fixer son domicile, et que dans le cas où il résiderait à l'étranger, il fasse la soumission de fixer son domicile en France, et qu'il l'y établisse dans l'année à partir de son acte de soumission (art. 9 C. N.).

L'on comprend les motifs qui ont fait admettre cet article. C'est par suite de l'intérêt qu'inspire celui qui est né en France que la loi a établi une faveur pour lui.

Une faveur plus grande est accordée à l'enfant né en France d'un étranger (loi du 22 mars 1849), lorsqu'il se trouve dans l'une des conditions suivantes : S'il sert ou s'il a servi dans les armées françaises de terre et de mer ; s'il a satisfait à la loi du recrutement sans exciper de son extranéité.

Cet étranger est admis à faire la déclaration prescrite par l'art. 9, après sa majorité, à toute époque ;

2o L'enfant né en France ou hors de France d'un étranger, qui se fait naturaliser Français, s'il était mineur au moment de la naturalisation de son père, est admis, par la loi du 7 février 1851, art. 2, à jouir du bénéfice de l'art. 9, C. N. La même loi lui permet de jouir également du bénéfice du même article s'il était majeur au moment de la naturalisation de son père ; mais alors il doit faire la déclaration prescrite dans l'année qui suit cette naturalisation ;

3o L'enfant né en pays étranger d'un Français qui avait perdu cette qualité, pourvu qu'il remplisse, à quelque âge que ce soit, les conditions prescrites par l'art. 9 (art. 10).

Cet enfant est traité plus avantageusement que celui qui est né en France d'un étranger. Il est admis en tout temps à faire la déclaration. L'on conçoit cette faveur : cet enfant est d'origine française.

Il est évident que, quoique l'art. 10 ne parle que de l'enfant né à l'étranger d'un Français qui a perdu cette qualité, il s'applique également à l'enfant qui serait né en France. Les motifs de faveur dans ce cas sont, pour le moins, tout aussi puissants ;

4o La femme étrangère qui épouse un Français (art. 12), devient Française par le fait de son mariage.

Il ne faut pas étendre la disposition de l'art. 12 à la femme dont le mari deviendrait Français par un événement postérieur au mariage. Cette femme n'en resterait pas moins étrangère.

Il a été dit plus haut que, outre un bienfait de la loi, il est encore un autre moyen d'acquérir la qualité de Français. L'on peut devenir Français, par un acte du gouvernement, autorisé par la loi. Ce moyen d'acquérir la qualité de Français porte le nom de *naturalisation*.

Le Code Napoléon ne parle point de la naturalisation. Cette matière se trouve réglée par la loi du 3 décembre 1849. D'après cette loi, l'étranger qui veut se faire naturaliser Français doit, après l'âge de vingt-un ans accomplis, demander au gouvernement l'autorisation de fixer son domicile en France, conformément à l'art. 13 du Code Napoléon, qui sera expliqué plus bas. Après avoir obtenu cette autorisation, il devra séjourner dix ans en France. A l'expiration de ce terme, il pourra demander sa naturalisation, qui ne peut être prononcée par le chef de l'Etat qu'après enquête préalable et sur l'avis du Conseil d'Etat. C'est là la naturalisation ordinaire.

La naturalisation extraordinaire ou privilégiée diffère de la précédente en ce que le stage, c'est-à dire le séjour, au lieu d'être de dix ans, n'est que d'une année (loi du 3 décembre 1849, art. 2). Cette faveur ne peut être accordée qu'à ceux qui auront rendu des services importants à la

France, ou qui auront apporté en France soit une industrie, soit des inventions utiles , soit des talents distingués , ou qui auront formé de grands établissements.

Notons, en passant, que la naturalisation , soit ordinaire, soit extraordinaire, donne à l'etranger la qualité de Français et celle de citoyen, sans lui donner cependant le droit d'éligibilité (loi du 3 décembre 1849, art. 1er), Ce droit ne peut lui être donné que par une loi.

Il existe encore un autre moyen de devenir Français : c'est par la réunion d'un pays à la France. Mais, en général , lorsqu'un pays est détaché d'un territoire pour être réuni à un autre, les traités indiquent la position des habitants de ce pays.

Sous quelles conditions et dans quelles limites les étrangers jouissent-ils en France des droits civils?

Dans l'ancien Droit Français les étrangers étaient incapables de recevoir ni transmettre, soit par succession légitime, soit par testament, aucun bien situé en France. Par suite, toutes lss fois qu'un bien était laissé par un étranger ou devait revenir à un étranger, l'Etat s'en emparait: c'est ce qu'on appelait le *droit d'aubaine.* Divers traités abolirent le droit d'aubaine, par rapport à quelques nations, sous la réserve, au profit de l'Etat, du dixième ; c'est ce qu'on appela le *droit de détraction.* L'Assemblée Constituante abolit le droit d'aubaine, ainsi que celui de détraction, comme contraires aux principes de fraternité qui doivent lier les hommes, et appela tous les étrangers à jouir en France des mêmes droits civils que les Français. Les autres peuples n'imitèrent pas le noble exemple de l'Assemblée Constituante ; aussi les rédacteurs du Code Napoléon durent abandonner ce système; mais, ne voulant pas rétablir le droit d'aubaine, ni celui de détraction, ils adoptèrent un système de réciprocité laissant en France les étrangers jouir des mêmes droits civils (art. 11) que ceux qui seraient accordés aux Français par les traités de la nation à laquelle ces étrangers appartiendraient.

Il suit de là qu'il ne suffit pas qu'un gouvernement accorde aux Français la jouissance de certains droits civils , pour que ses nationaux jouissent des mêmes droits en France ; il faut encore qu'un traité intervienne entre les deux nations.

Une loi du 14 juillet 1819 a modifié cet article en le rapprochant du principe consacré par l'Assemblée constituante. D'après cette loi , les étrangers peuvent recevoir ou transmettre en France par succession , donation ou testament, comme les Français. Pour tous les autres droits civils , l'art. 11 est toujours en vigueur.

Un étranger peut jouir de tous les droits civils s'il est autorisé par le gouvernement à établir son domicile en France (art. 13), et pendant tout le temps qu'il y résidera.

Ce cas est le seul dans lequel un étranger puisse jouir de tous les droits civils en France. Remarquons , toutefois , qu'il reste toujours soumis aux lois de son pays en tout ce qui concerne son état ou sa capacité. Il ne pourrait nullement exciper de sa jouissance des droits civils français pour être majeur, par exemple , à l'âge fixé par la loi française, si elle différait de celle de son pays.

Remarquons encore que cette autorisation de fixer son domicile en France lui est donnée par le gouvernement, qui est toujours libre de la retirer sur l'avis du Conseil d'Etat (loi du 3 décembre 1849, art. 3).

Quel que soit le temps que l'étranger réside ainsi en France en jouissant des droits civils , ce seul fait ne lui donnera jamais la qualité de Français , s'il ne se fait pas naturaliser.

Contestations entre Français et étrangers.

La loi française devait sauvegarder les intérêts des Français dans leurs contestations avec les étrangers. Dans ce but , elle a dérogé à la règle de procédure *actor sequitur forum rei*, en permettant aux Français de faire comparaître devant les tribunaux français l'étranger non résidant en France, pour l'exécution des obligations par lui contractées soit en France, soit même à l'étranger (art. 14).

Mais quel sera le tribunal compétent ? Le Code de Procédure indique comme tribunal compétent en matière personnelle celui du domicile du défendeur. Le Code Napoléon, dans l'intérêt des Français, déroge à cette règle, car le tribunal du domicile du défendeur serait un tribunal étranger. En pareil cas, la contestation devra être portée devant le tribunal du domicile du demandeur , si l'obligation a été contractée à l'étranger : il n'y aucune raison d'assigner un autre tribunal. Que si l'obligation avait été contractée en France, l'étranger est censé avoir tacitement consenti à être jugé par le tribunal dans le ressort duquel il a contracté. Ce tribunal sera donc compétent.

Depuis la promulgation du Code Napoléon diverses lois sont venues donner de nouvelles garanties aux Français pour l'exécution des jugements qu'ils auraient obtenus contre des étrangers. Ainsi, tout jugement obtenu contre un étranger non domicilié en France, entraîne toujours contrainte par corps , lorsque l'objet principal de la condamnation dépasse 150 fr. Bien plus , l'étranger, pourvu seulement que la dette soit exigible, peut être mis en état d'arrestation provisoire avant toute condamnation , sur simple ordonnance du président du tribunal rendue sur requête, à moins que l'étranger ne justifie qu'il possède en France des immeubles ou un établissement de valeur suffisante, ou qu'il ne donne une caution suffisante domiciliée en France.

La disposition de l'art. 15 n'est que la consécration de la règle de procédure *actor sequitur forum rei*.

La loi donne encore une autre garantie au Français. Elle ne veut pas qu'un étranger puisse lui intenter une action mal fondée , et ne disparût après avoir fait faire au Français des frais inutiles. Dans ce but , elle autorise le Français, *avant toute discussion,* à exiger que l'étranger demandeur donne caution pour les frais et dommages et intérêts résultant du procès (art. 16). Cette caution porte le nom de caution *judicatum solvi*.

Une question s'est élevée depuis la promulgation du Code Napoléon sur le point de savoir où doit être domiciliée cette caution. La réponse se trouve dans la loi du 17 avril 1832, art. 14. Elle doit être domiciliée en France.

L'étranger demandeur sera dispensé de donner caution :

1o En matière commerciale (art. 16.);

2o S'il possède en France des immeubles suffisants (art. 16). Cette garantie n'en est pas une ; car l'étranger peut vendre les immeubles. Il eût mieux valu que la loi lui imposât dans ce cas l'obligation de donner hypothèque sur ces immeubles. Mais elle ne l'a pas dit, et l'on ne peut en pareille matière aller au-delà de ses termes ;

3o S'il consigne la somme qui lui aura été désignée par le tribunal pour en tenir lieu (Cod. de Procéd. civ., art. 167) ;

4o Si un traité passé avec le pays de cet étranger le dispense de donner caution (art. 11) ;

5o Si les traités permettent d'exécuter dans le pays de cet étranger les jugements émanés des tribunaux français, alors, en effet, la cause de défiance n'existe plus.

L'étranger défendeur ne peut jamais être contraint à donner caution ; mais si condamné en première instance, il faisait appel, je crois que dans ce cas l'intimé pourrait exiger qu'il fournisse caution, à moins toutefois, qu'il se trouve dans un des cas de dispense énumérés plus haut.

CHAPITRE II.

Privation des droits civils.

Le Code Napoléon nous indique comme source de la privation des droits civils, la perte de la qualité de Français. C'est une conséquence naturelle du principe que la jouissance des droits civils appartient aux Français. Elle fera l'objet de la section première de ce chapitre.

Les rédacteurs du Code ont indiqué une seconde source de privation des droits civils. Dans leur système, elle peut être la suite de certaines condamnations judiciaires. Cette privation est appelée mort civile. Mais aujourd'hui cet état de choses n'existe plus. La mort civile depuis long-temps blâmée par les plus savants jurisconsultes et contre laquelle

avaient protesté des voix éloquentes au sein de nos assemblées législatives, a disparu de notre Code. Une loi du 31 mai 1854 a établi un nouvel ordre de choses, plus conformé aux principes de la morale et de l'équité. L'analyse de cette loi trouvera sa place dans la section IIe de ce chapitre où seront indiquées les modifications qu'elle a introduites dans notre législation et où il sera traité des diverses incapacités qui peuvent naître des condamnations judiciaires.

SECTION Ire.

Privation des droits civils par la perte de la qualité de Français.

De ce qu'à la qualité de Français est attachée la jouissance des droits civils, il s'ensuit que la perte de la qualité de Français aura pour conséquence inévitable la perte de la jouissance des droits civils. Donc, pour connaître les cas dans lesquels on peut être privé des droits civils, il importe de savoir comment on peut perdre la qualité de Français.

La qualité de Français se perd :

1º Par la naturalisation acquise en pays étranger (art. 17).

Il ne suffit pas que la naturalisation soit demandée, il faut encore qu'elle soit obtenue pour qu'elle entraîne la perte de la qualité de Français.

Pour cesser d'être Français, il faut une naturalisation complète dans un pays étranger, une assimilation aux nationaux de ce pays. On n'en serait pas moins Français quoiqu'on eût obtenu la jouissance des droits civils, en établissant son domicile à l'étranger ; de même que les étrangers qui en France jouissent de la faveur qui leur est accordée par l'art. 13 de notre Code, n'en restent pas moins étrangers.

2º Par l'acceptation non autorisée par le gouvernement de fonctions publiques conférées par un gouvernement étranger (art. 17.)

3º Par tout établissement fait en pays étranger sans esprit de retour.

La loi ne nous indique pas quels sont les établissements qui doivent être regardés comme faits sans esprit de retour. Elle laisse les juges en-

tièrement libres d'apprécier quand un établissement sera fait sans esprit
de retour. Il n'y a que pour les établissements de commerce qu'elle se
soit prononcée. Ils ne pourront jamais être considérés comme ayant été
faits sans esprit de retour (art. 17), ce qui ne signifie pas que pour déclarer quelqu'un non Français, s'il a fait un établissement de commerce
à l'étranger, il faille prouver que cet établissement a été fait sans esprit de
retour. Il n'y aurait alors aucune différence entre les établissements de
commerce et les autres. Pour tous il faut prouver la perte de l'esprit de
retour. La loi a voulu dire que celui qui ne fait à l'étranger qu'un établissement de commerce, sans autre, ne sera jamais considéré comme ayant
perdu l'esprit de retour.

Il a été remarqué, dans le chapitre de la jouissance des droits civils,
que le Code est très-favorable aux fils de Français ayant perdu cette
qualité. Elle leur facilite les moyens de recouvrer cette qualité qu'avait
perdue leur père. Elle devait être bien plus favorable pour celui qui
l'avait perdue étant né Français. Aussi l'art. 18 permet-il à ceux qui ont
perdu la qualité de Français par une des trois causes indiquées plus
haut, de recouvrer cette qualité en tout temps, en rentrant en France,
avec l'autorisation du gouvernement, et en déclarant qu'il veut s'y
fixer.

La femme perd sa qualité de Française en épousant un étranger.
L'art. 19 va jusqu'à dire qu'elle suivra la condition de son mari, de
même que nous avons vu devenir Française la femme qui épouse un
Français. La loi a été trop loin. Elle peut bien retirer à cette femme la
qualité de Française, mais non lui donner une autre patrie.

Il ne faut pas étendre la portée de cet article jusqu'à dire que la
femme perd la qualité de Française, si le mari cesse d'être Français pendant le mariage.

La femme qui a cessé d'être Française, par suite de son mariage avec
un étranger, redeviendra Française si, devenue veuve, elle réside en
France ou y rentre avec l'autorisation du gouvernement, et en déclarant
qu'elle veut s'y fixer (art. 19). Je crois que cette disposition de l'art. 19

en faveur de la femme veuve , peut être étendue à la femme dont le divorce a été légalement prononcé en pays étranger. Le mariage seul l'empêchait d'être Française, cette cause n'existant plus, les effets devront également cesser.

Ajoutons que tous ceux qui , ayant perdu la qualité de Français pour une des causes énumérées plus haut, et qui l'auront recouvrée, ne pourront se prévaloir de cette qualité qu'après avoir accompli les conditions prescrites par la loi et qui ont été indiquées ci-dessus. De plus, cette qualité ne leur est rendue que pour l'avenir, sans aucune espèce de rétroactivité ; ils auront été étrangers depuis le jour qu'ils auront cessé d'être Français jusqu'à celui où ils le seront redevenus. Les rédacteurs du Code ont voulu prévenir toute controverse à ce sujet, et c'est dans ce but qu'a été rédigé l'art. 20.

L'art. 21 indique une cinquième cause de perte de la qualité de Français pour celui qui , sans autorisation du gouvernement, prendrait du service militaire chez l'étranger, ou s'affilierait à une corporation militaire étrangère.

Celui qui perd la qualité de Français par cette cause est traité plus rigoureusement que celui qui la perd pour toute autre.

Il ne peut plus rentrer sur le sol Français sans en demander l'autorisation au gouvernement, et s'il veut redevenir Français, la loi n'a pas égard à sa naissance. Elle le considère comme ayant été toujours étranger, et l'assujettit à toutes les règles de la naturalisation. Le tout, nous dit l'art. 21, sans préjudice des peines prononcées par la loi criminelle contre les Français qui ont porté ou porteront les armes contre leur patrie.

Il faut encore indiquer comme faisant perdre la qualité de Français le fait de l'incorporation d'une partie du territoire français à un territoire étranger. Le seul fait de cette incorporation fait perdre à tous les habitants de cette portion de territoire détaché la qualité de Français.

Section II.

Effets des condamnations judiciaires quant à la jouissance ou à l'exercice des droits civils.

La société devant assurer à chacun de ses membres le libre exercice de ses facultés, puise dans ce devoir le droit de punir ceux qui se sont mis en guerre avec leurs semblables. Pour cela elle peut leur retirer la privation ou l'exercice de certains droits qui sont l'apanage de ses membres.

La loi française reconnaît trois états principaux d'incapacité provenant des condamnations judiciaires, ce sont : 1° la dégradation civique ; 2° l'interdiction légale ; 3° un état comprenant tout à la fois les deux incapacités qui viennent d'être énumérées, plus la double incapacité de transmettre ou de recevoir par donation entre-vifs ou par testament.

Ce dernier état a remplacé la privation totale des droits civils que le Code Napoléon reconnaissait sous le nom de mort civile, et qui a été abolie, comme il a été dit plus haut, par la loi du 31 mai 1854.

Ajoutons que, outre ces incapacités générales, les tribunaux correctionnels peuvent ou doivent, dans les cas déterminés par la loi pénale, enlever au coupable qu'ils condamnent l'exercice de certains droits civiques, civils ou de famille.

De la dégradation civique et de l'interdiction légale.

La dégradation civique consiste dans la privation totale de tous les droits attachés à la qualité de citoyen, ainsi que de certains droits de famille. L'énumération des divers droits dont est privé celui qui est en état d'interdiction civique se trouve dans le Code Pénal (art. 34).

L'interdiction légale est la privation à titre de peine de l'exercice des droits civils.

Il faut remarquer que, par l'interdiction légale, le condamné n'est privé que de l'exercice des droits civils. Il en conserve la jouissance entière. Il est assimilé à un mineur ou plutôt à un interdit pour cause de démence. Un tuteur lui est donné pour exercer les droits dont il n'a que la jouissance. L'assimilation avec un interdit pour cause de démence n'est cependant pas complète. L'art. 29 du Code Pénal dit que le tuteur de l'interdit légalement ne pourra donner à l'interdit aucune portion de ses revenus. Le tuteur de l'interdit, pour cause de démence, doit, au contraire, employer une partie des revenus de l'interdit à améliorer son sort. La raison de cette différence est facile à saisir. La loi ne veut pas que le coupable qu'elle frappe puisse atténuer la portée de sa peine, se procurer même l'affranchissement de sa peine au moyen de ses revenus.

Il ne faut pas croire cependant que l'interdiction légale enlève l'exercice de tous les droits civils, ce serait lui faire dépasser le but de la loi. La loi a voulu seulement retirer au coupable la faculté de se procurer les ressources pécuniaires dont il pourrait se servir pour améliorer son sort. Par suite, elle lui laisse implicitement la faculté d'exercer les actes de la vie civile qui ne sont pas en opposition avec ce but. D'où il suit que celui qui est interdit légalement pourra seul disposer valablement de ses biens par donation entre-vifs ou testament. Il pourra également se marier, reconnaître un enfant naturel; tous droits d'ailleurs dont on ne peut lui retirer l'exercice sans lui en retirer également la jouissance, et il a été dit que l'interdiction légale ne retire jamais la jouissance d'un droit, mais seulement l'exercice de ce droit.

Les droits de l'interdit légalement sont exercés, a-t-il été dit, par un tuteur. Un subrogé-tuteur surveille l'administration du tuteur. Sous le rapport de leur nomination ils sont assimilés au tuteur et au subrogé-tuteur de l'interdit pour cause de démence.

L'interdiction légale n'est jamais peine principale, elle est toujours peine accessoire. Elle est la conséquence d'une autre peine. Les peines auxquelles la loi a attaché comme conséquence l'interdiction légale sont les travaux forcés à temps, la détention, la réclusion. Les juges n'ont pas même besoin de mentionner la peine d'interdiction légale. Elle a lieu de plein droit, dès qu'une de ces trois peines est prononcée. Ces trois peines amènent également comme accessoire la dégradation civique. La dégradation civique est encore accessoire de la peine de bannissement. Il est des cas où la dégradation civique est peine principale , alors les juges sont tenus de la prononcer.

Il faut cependant remarquer que d'après l'art. 12 de la loi du 30 mai 1854 , les condamnés aux travaux forcés à temps peuvent être autorisés par le gouvernement à exercer dans la colonie où ils subissent leur peine, les droits civils ou quelques-uns de ces droits dont ils sont privés de l'exercice par suite de leur état d'interdiction légale. — Le gouvernement peut les autoriser à jouir ou disposer de tout ou partie de leurs biens. — Les actes faits par les condamnés dans la colonie , jusqu'à leur libération , ne pourront engager les biens qu'ils possédaient au jour de leur condamnation , ou ceux qui leur seront échus par succession , donation ou testament , à l'exception des biens dont la remise aura été autorisée. — Le gouvernement peut accorder aux libérés l'exercice, dans la colonie , des droits dont il sont privés par le 3e et 4e numéros de l'art. 34 du Code Pénal.

La dégradation civique est encourue pour les condamnations contradictoires du jour où elles sont devenues irrévocables , et pour les condamnations par contumace du jour de leur exécution par effigie.

L'interdiction légale , au contraire (art. 29 Code Pénal), commence et finit avec la peine principale à laquelle elle est attachée. D'où il suit que pour les condamnations contradictoires , l'interdiction légale commencera comme la dégradation civique le jour où la condamnation sera devenue définitive. Pour les condamnations par contumace , il ne pourra jamais y avoir interdiction légale ; il faut observer néanmoins que quoique n'étant pas interdit , le condamné par contumace n'aura pas l'administration de ses biens , qui seront séquestrés et gérés par l'administration des domaines (Code d'Inst. Crim. , art. 471).

Après avoir vu à quel moment commencent la dégradation civique et l'interdiction légale , il importe de savoir comment ces deux peines prendront fin. De même que pour préciser le moment où commencent ces peines , il a été fait une distinction entre les condamnations contradictoires et les condamnations par contumace , la même distinction devra être faite pour préciser le moment où ces condamnations prennent fin.

Et d'abord , il faut examiner quel est ce moment dans le cas d'une condamnation contradictoire.

Diverses circonstances peuvent amener la fin , soit de la dégradation civique , soit de l'interdiction légale.

1o *L'expiration du temps fixé pour la durée de la peine principale* devra nécessairement amener la fin de l'interdiction légale , puisque cette incapacité n'existe (art. 29 Code Pénal) que pendant la durée de la peine principale.

Cette cause ne peut faire cesser la dégradation civique qui est indéfinie dans sa durée.

2o Le condamné qui s'évade , *prescrit* sa peine par vingt années. La peine ne pouvant plus durer , l'interdiction légale devra cesser également. La dégradation civique , au contraire , existe toujours.

3o *L'amnistie* produit son effet rétroactivement. Elle anéantit non-seulement la condamnation , mais encore le délit lui-même qui a fait naître la condamnation. Le délit étant censé n'avoir jamais existé ; par suite , non-seulement la condamnation principale, mais encore les peines accessoires de l'interdiction legale et de la dégradation civique ne peuvent exister , sauf les effets formant droit acquis aux tiers.

4o La *grâce* diffère de l'amnistie non-seulement par son essence, mais encore par ses effets. La grâce fait uniquement cesser la peine. Par suite, elle fera cesser l'état d'interdiction légale , mais laissera subsister la dégradation civique ;

5o Le condamné qui a subi sa peine ou qui a obtenu des lettres de grâce, est toujours, a-t-il été dit , en état de dégradation civique. Il peut faire cesser cet état en obtenant la *réhabilitation* , conformément au Code d'Instruction Criminelle (art. 620 à 633 modifiés par la loi du 3 juillet 1852) ;

6o La *révision* d'un jugement de condamnation, en cassant ce jugement, amène la cassation de toutes les déchéances qui en résultent. Donc elle fait cesser non-seulement l'interdiction légale, mais encore la dégradation civique.

Il a été dit qu'une condamnation par contumace ne peut faire naitre l'interdiction légale, mais seulement la dégradation civique. Cet état devra cesser par la *comparution* volontaire ou forcée du condamné ; cette comparution, en effet, anéantit le jugement de condamnation et remet en question même la culpabilité. Il pourra néanmoins rentrer dans son incapacité et y ajouter celle de l'interdiction légale, par suite de la con. damnation contradictoire rendue après la comparution.

Si le condamné par contumace ne reparaît pas dans les vingt ans à compter de la date de l'arrêt, il aura prescrit sa peine, et par suite n'aura jamais été en interdiction légale. Le séquestre de ses biens sera levé, mais la dégradation civique subsistera toujours.

L'amnistie peut seule faire cesser la dégradation civique du condamné par contumace.

La réhabilitation ne peut jamais lui être appliquée.

Des déchéances qui ont été substituées à la mort civile.

Les rédacteurs du Code Napoléon avaient admis un état de privation complète des droits civils, privation qui s'étendait non-seulement à l'exercice, mais encore à la jouissance de ces droits. Cet état était appelé *mort civile*, parce que celui qui en était frappé était censé mort aux yeux de la loi.

Le Code Napoléon n'avait attaché cet état qu'aux condamnations à la mort naturelle. Les rédacteurs du Code Pénal l'étendirent aux condamnations aux travaux forcés à perpétuité et à la déportation.

Cet état de choses fortement critiqué a cessé par la loi du 16 juin 1850, mais seulement pour les condamnations à la déportation, c'est-à-dire en matière politique.

La loi du 31 mai 1854 a été plus loin. Elle a complétement supprimé la mort civile.

Quoique effacée de notre Code, il importe de connaître quels étaient

les effets de la mort civile pour bien saisir les changements apportés
par la loi de 1854 , et pour se rendre bien compte des motifs qui l'a-
vaient fait tant critiquer et qui ont fini par amener sa suppression.

Les effets de la mort civile avaient été pour la plupart déduits de la
comparaison qu'on avait établie entre la mort civile et la mort naturelle.

La mort civile faisait ouvrir la succession de celui qui en était frappé.
Elle l'empêchait de contracter mariage et dissolvait celui qu'il avait contracté antérieurement.

Le mort civilement ne pouvait recevoir ni transmettre par voie de
succession , de donation , ni testament. La loi avait été même plus
loin. Elle annulait le testament fait antérieurement à la mort civile.

Le mort civilement ne pouvait pas être tuteur , ni participer à aucun
acte de tutelle , ni être témoin dans un acte authentique ou devant la
justice.

Il ne pouvait faire absolument que les actes nécessaires pour la con-
servation de la vie naturelle. Ainsi il pouvait recevoir, pour cause d'aliments , exercer une industrie, etc. Il pouvait même agir en justice pour
l'exécution des obligations contractées envers lui. Mais il ne le pouvait
pas par lui-même. Il devait se faire représenter par un curateur spécial
qui lui était donné par le tribunal où l'action était portée.

Il a été dit qu'il ne pouvait pas transmettre par succession, donations ou testament. Ainsi, s'il s'était créé une position par son travail, son industrie, il ne pouvait pas transmettre ses biens. L'Etat s'en
emparait à son décès. Ajoutons que la loi avait admis un tempérament
à la rigueur de ce principe. L'administration des domaines pouvait laisser
les enfants du mort civilement prendre les biens laissés par leur père à
son décès.

La mort civile, a-t-il été dit, a été fortement critiquée, et elle méri-
tait de l'être. Elle était immorale en ouvrant la succession du mort civilement, et en faisant ainsi profiter ses parents de son crime. Elle était
immorale encore en dissolvant le mariage du condamné, en ne faisant
de sa femme qu'une concubine si elle lui restait fidèle dans le malheur,

et en faisant naturels les enfants nés de cette union illégale, si l'on veut, mais conforme assurément aux règles de la morale.

Elle manquait son but, puisqu'en faisant passer les biens du condamné aux mains de ses plus proches parents, elle leur donnait le moyen d'adoucir son sort.

La loi du 31 mai 1854, en abolissant la mort civile, l'a remplacée dans les cas où elle s'appliquait, par l'interdiction légale et la dégradation civique. De plus, à ces diverses déchéances, elle a ajouté d'autres incapacités : ce sont celles de disposer de ses biens, en tout ou en partie, soit par donation entre-vifs, soit par testament, ou de recevoir au même titre, si ce n'est pour cause d'aliments. La nouvelle loi a, de plus, maintenu la nullité du testament fait antérieurement à la condamnation contradictoire devenue définitive, ou dans le cas de condamnation par contumace avant l'expiration des cinq ans qui ont suivi l'exécution par effigie.

Il a été expliqué plus haut quelles sont les incapacités résultant de l'interdiction légale et de la dégradation civique.

Il en résulte que le condamné à des peines afflictives ou perpétuelles ne perd plus aujourd'hui que les droits de disposer par donation ou testament, et de recevoir à même titre. Pour tous les autres droits, il en garde la jouissance, mais non l'exercice. Conformément à ce qui a été dit au sujet de l'interdiction légale, il garde même la faculté de faire les actes qui ne tendent pas à améliorer sa position, sauf, toutefois, les donations ou testaments.

Les condamnés à des peines afflictives ou perpétuelles sont traités plus rigoureusement que les condamnés aux travaux forcés à temps, puisque, outre l'interdiction légale et la dégradation civique, ils perdent la jouissance du droit de recevoir, ou disposer par donation ou testament.

La loi a été même plus loin en annulant le testament fait même pendant le temps où il était capable.

Il a été déjà dit à quelle époque commencent la dégradation civique et l'interdiction légale, dans le cas d'une condamnation contradictoire, ainsi que à quel moment commence la dégradation civique dans le cas d'une condamnation par contumace. L'on sait que dans ce cas l'interdiction légale n'est pas encourue. La loi du 31 mai 1854 fait savoir à quelle époque le condamné à une peine afflictive perpétuelle encourra les nouvelles déchéances établies par cette loi : ce sera à dater du jour où la condamnation contradictoire sera devenue définitive ; et si la condamnation est par contumace, ce ne sera que dans les cinq ans après l'exécution par effigie.

Il a été déjà dit comment cessent la dégradation civique et l'interdiction légale. Il suffit d'ajouter que les incapacités nouvelles créées par la loi de 1854, cessent dans les mêmes cas que la dégradation civique.

Le gouvernement peut relever le condamné à une peine afflictive perpétuelle de tout ou partie des incapacités prononcées contre lui. — Il peut lui accorder l'exercice, dans le lieu d'exécution de la peine, des droits dont il est privé par son état d'interdiction légale. — Les actes faits par le condamné dans le lieu d'exécution de la peine ne peuvent engager les biens qu'il possédait au jour de sa condamnation ou qui lui sont échus à titre gratuit depuis cette époque.

Incapacités prononcées par les tribunaux correctionnels.

Avant de quitter cette matière, il importe de dire un mot des incapacités que peuvent prononcer les tribunaux correctionnels.

Dans certains cas déterminés par la loi pénale les tribunaux doivent, dans d'autres, ils peuvent prononcer l'interdiction de tout ou partie des droits énumérés dans l'art. 42 du Code Pénal.

Cette interdiction est toujours accessoire à une peine principale, contrairement à la dégradation civique, qui peut être peine principale. Elle en diffère encore en ce qu'elle est ordinairement temporaire.

QUESTIONS.

L'époque de la majorité dont parle l'art. 9 du Cod. Nap. est-elle réglée par la loi française ou par la loi du pays de l'étranger qui devient Français? — Elle est fixée par la loi du pays de l'étranger.

La dégradation civique est-elle indivisible? — Oui.

Le condamné par contumace qui meurt dans les vingt ans où il peut purger sa contumace, encourt-il les déchéances prononcées par la loi du 31 mai 1854? — Oui.

Le gouvernement, après avoir rendu à un condamné l'exercice des droits civils dans la colonie, où il subit la peine, peut-il le lui retirer? — Non.

Procédure Civile.

Livre Iᵉʳ.

De la compétence des juges de paix en matiére personnelle ou mobilière.

La compétence d'un tribunal doit être envisagée sous un double point de vue. Avant d'engager une action, il faut d'abord savoir à quel ordre de juridiction appartient la connaissance du litige ; puis, cet ordre de juridiction connu , quel est le tribunal de cet ordre devant lequel doit se porter l'action. La compétence dans le premier cas est dite *ratione materiæ*, ou compétence d'attribution ; dans le second, compétence *ratione personæ*, ou compétence territoriale.

Le Code de Procédure ne s'est occupé que de la compétence territoriale. Il se rapporte pour la compétence d'attribution aux lois spéciales à chaque ordre de juridiction.

Les juges de paix sont des juges d'exception. Ils ne peuvent connaître d'aucune action, si cette connaissance ne leur a été spécialement attribuée par une loi. Il importe donc de bien préciser parmi toutes les actions personnelles ou mobilières, quelles sont celles pour lesquelles ils sont compétents. Cette compétence bien établie, il faut connaître quel est le juge de paix devant lequel devra être porté le litige. Et d'abord il faut savoir ce qu'on entend par action personnelle ou mobilière.

Actions personnelles. — Actions mobilières.

On appelle *personnelle* l'action par laquelle le demandeur prétend que le défendeur est obligé envers lui. Le droit invoqué par le demandeur est purement relatif, il ne peut dépasser la personne du défendeur.

L'action personnelle est opposée à l'action *réelle*. L'action réelle est celle que le défendeur fonde sur un droit absolu qu'il prétend pouvoir exercer contre tout détenteur de l'objet du litige.

L'action est *mobilière*, lorsque le demandeur réclame des objets mobiliers. Elle est opposée à l'action immobilière, c'est-à-dire à celle où le demandeur réclame un immeuble ou un droit immobilier.

De ces définitions, il résulte qu'une action personnelle peut être mobilière ou immobilière, suivant que l'objet de l'obligation est un meuble ou un immeuble. Il en est de même de l'action réelle, suivant que l'objet sur lequel le demandeur prétend avoir un droit absolu est un meuble ou un immeuble.

Dans la pratique, on désigne sous le nom d'actions *purement personnelles* les actions personnelles qui sont en même temps mobilières.

Compétence des juges de paix en matière personnelle ou mobilière ratione materiæ.

Il a été déjà dit que le Code de Procédure civile n'a pas réglé la compétence des divers ordres de juridiction *ratione materiæ*. C'est donc dans les lois spéciales qu'il faut rechercher quelles sont les actions personnelles ou mobilières dont la connaissance a été attribuée aux juges de paix.

La loi qui règle actuellement la matière est celle du 25 mai 1838, modifiée néanmoins par celle du 2 mai 1855.

Et d'abord il faut observer que les formes de la procédure devant les juges de paix sont très simples. De là il résulte que la solution des affaires y est plus prompte et moins coûteuse que devant les tribunaux ordinaires. Ces notions connues, il sera facile de voir les motifs qui ont guidé le législateur en traçant les limites de la compétence des juges de paix. Dans toutes les contestations qui leur sont soumises, se trouve une cause d'urgence, ou bien un intérêt trop modique pour permettre d'affranchir les plaideurs des formes ordinaires de la procédure.

L'art. 1er de la loi de 1838 donne la règle générale de compétence des juges de paix en matière personnelle ou mobilière. Ils connaissent de toutes les actions purement personnelles et de toutes les actions mobilières jusqu'à la valeur de cent francs en dernier ressort, et au-dessus de cent francs jusqu'à deux cents francs, seulement en premier ressort.

Dès le moment que la loi nous dit que les juges de paix sont compétents en matière mobilière jusqu'à la valeur de cent francs sans appel et de deux cents francs à charge d'appel, il semble inutile qu'elle fasse mention des actions purement personnelles, puisque ces actions sont mobilières. La loi a voulu par là exprimer qu'elle entend exclure les actions personnelles immobilières de la règle de compétence qu'elle donne. La connaissance de ces actions n'appartient pas aux juges de paix.

Il faut néanmoins remarquer, en matière personnelle ou mobilière, que quoique la valeur de l'objet du litige soit au-dessous de deux cents francs, le juge de paix n'en connaîtra pas si une loi en a attribué la connaissance à un autre degré de juridiction.

Il est des actions purement personnelles ou mobilières pour lesquelles la loi a élevé le taux de la valeur jusqu'à laquelle les juges de paix sont compétents. Elles peuvent se diviser en deux classes : 1° Actions dont les juges de paix connaissent jusqu'à cent francs en dernier ressort, et jusqu'à quinze cents francs en premier ressort ; 2° celles dont ils connaissent en dernier ressort jusqu'à cent francs, et en premier ressort à quelque somme qu'elles puissent monter.

Les actions de la première classe sont indiquées dans les art. 2 et 4 de la loi de 1838.

Ce sont d'abord : « Les contestations entre les hôteliers, aubergistes
» et logeurs, et les voyageurs ou locataires en garni, pour dépenses
» d'hôtellerie et perte ou avarie d'effets déposés dans l'auberge ou dans
» l'hôtel ; entre les voyageurs et les voituriers ou bateliers, pour re-
» tards, frais de route, et perte ou avarie d'effets accompagnant les
» voyageurs ; entre les voyageurs et les carrossiers ou autres ouvriers,
» pour fournitures, salaires et réparations faites aux voitures de
» voyage. »

Le motif qui a décidé le législateur à étendre pour ces actions les limites de la compétence du juge de paix, c'est leur caractère d'urgence ;
d'où il résulte que cette disposition de la loi ne devra pas s'appliquer
aux contestations analogues à celles qui viennent d'être indiquées et qui
n'offriraient pas le même caractère d'urgence.

Cette classe d'actions comprend encore : « les indemnités réclamées
» par le locataire ou fermier, pour non jouissance provenant du fait du
» propriétaire, lorsque le droit à une indemnité n'est pas contesté ; et
» des dégradations et pertes arrivées par le fait du preneur, des per-
» sonnes de la maison et de ses sous-locataires. »

Le juge de paix est mieux à même qu'un autre juge de régler
ces contestations qui nécessitent souvent une visite des lieux.

Les pertes causées par un incendie ou inondation, rentrent dans la
règle générale tracée dans l'art. 1 de la loi de 1838.

Les actions personnelles ou mobilières pour lesquelles la loi de 1838
a attribué compétence aux juges de paix en dernier ressort jusqu'à cent
francs et à charge d'appel à quelque somme qu'elles puissent s'élever,
sont, d'après l'art. 3 de cette loi :

« Les actions en paiement de loyers ou fermages, des congés, des
» demandes en résiliation de baux, fondées sur le seul défaut de paie-
» ment des loyers ou fermages, des expulsions de lieux et des demandes
» en validité de saisie gagerie, le tout lorsque les locations verbales ou
» par écrit n'excèdent pas annuellement quatre cents francs. »

Les dispositions de cet article ne doivent pas être étendues à aucun des baux qui présentent une aliénation ou au moins un démembrement de propriété.

La suite des dispositions de l'art. 3 indiquent comment on devra évaluer le prix des baux lorsqu'il consistera en denrées ou prestations en nature.

L'art. 5 de la loi précitée fait rentrer dans la même classe que les actions de l'art. 3 :

« 1o Les actions pour dommages faits aux champs, fruits et récoltes, » soit par les hommes, soit par les animaux.» Sans distinguer si les fruits ou récoltes sont sur pied ou détachés , mais non encore enlevés ;

« 2o Les contestations relatives aux engagements respectifs des gens » de travail, au jour, au mois ou à l'année , et de ceux qui les em- » ploient ; des maîtres et des gens de service à gage, des maîtres et » de leurs ouvriers ou apprentis, sans néanmoins qu'il soit dérogé aux » lois et réglements relatifs à la juridiction des prud'hommes. »

Cet article ne doit pas s'étendre aux individus qui sont chargés dans la maison de la personne qui les emploie , de fonctions intellectuelles.

Il faut observer que cet article ne donne compétence aux juges de paix que pour les contestations relatives aux engagements résultant du contrat de louage et non aux engagements qui pourraient exister entre les maîtres et les ouvriers pour toute autre cause.

« 3o Les actions civiles pour diffamation verbale et pour injures pu- » bliques ou non publiques , verbales ou par écrit, autrement que par » la voie de la presse ; les mêmes actions pour rixes ou voies de fait; » le tout lorsque les parties ne se sont pas pourvues par la voie crimi- » nelle.

» 4° Les contestations relatives au paiement des nourrices, sauf ce qui » est prescrit par les lois et réglements d'administration publique à l'égard » des bureaux de nourrices de la ville de Paris et de toutes les autres » villes.

» 5⁰ Les contestations relatives aux réparations locatives des maisons
» ou fermes, mises par la loi à la charge du locataire. »

Par fermes, il ne faut pas entendre seulement les locaux servant à
l'exploitation, mais encore tous les héritages ruraux compris dans le
bail.

L'art. 6. de la loi de 1838 porte aussi une dérogation au principe
général de compétence en matière purement personnelle, tracée dans
l'art. 1.

Il déclare les juges de paix compétents, mais seulement en premier
ressort pour les demandes alimentaires qui n'excèdent pas 150 francs
par an et seulement lorsqu'elles sont formées en vertu des art. 205, 206,
207 du Code Napoléon.

L'on sait que, en réponse au demandeur, quelquefois le défendeur, au
lieu de contester le droit réclamé, forme contre le demandeur une autre
demande qui porte le nom de reconventionnelle.

Si cette seconde demande rentre dans la compétence du juge de paix,
il statuera sur toutes les deux, encore que leur valeur réunie dépasse
le chiffre de la compétence du juge de paix (L. de 1838, art. 7).

Il faut observer que, si l'une des deux demandes excédait la limite
de sa compétence en dernier ressort, le juge de paix ne statuerait sur
toutes deux qu'en premier ressort (art. 8).

Il est cependant à remarquer que le défendeur ne pourrait pas dé-
cliner sa compétence du juge de paix, en formant une demande reconventionnelle ayant pour objet des dommages et intérêts fondés exclusi-
vement sur la demande principale elle-même. Pour ces sortes de
demandes reconventionnelles, le juge est compétent, à quelque somme
qu'elles puissent s'élever (art. 7).

Si la demande reconventionnelle excédait la compétence en premier
ressort, le juge de paix est libre (art. 8) de ne statuer que sur la demande principale, ou de renvoyer les deux demandes devant le tribunal d'arrondissement.

Jusqu'ici, il n'a été raisonné que dans l'hypothèse où chacune des parties n'aurait formé qu'une seule demande. Qu'arriverait-il si l'une d'elles formait plusieurs demandes réunies dans une seule instance? Si la somme de ces demandes excédait le chiffre de la compétence du juge de paix, il se déclarera incompétent, encore qu'il fût compétent pour chacune séparément (L. de 1838 art. 9).

Compétence des juges de paix en matière personnelle ou mobilière
ratione personæ.

Il ne suffit pas, avant d'intenter une action, de reconnaître qu'elle rentre dans les attributions du juge de paix ; il importe encore de savoir devant quel juge de paix elle devra être portée.

La solution de cette question en ce qui concerne les actions purement personnelles ou mobilières, se trouve dans l'art. 2 du Code de Procédure Civile. Ces actions devront être portées devant le juge du domicile du défendeur ; s'il n'a pas de domicile, devant celui de sa résidence.

L'art. 3 indique une exception au principe de l'art. 2. Il rend compétent : « le juge de la situation de l'objet litigieux lorsqu'il s'agira : 1o » des actions pour dommages, fruits ou récoltes ; 2o........; 3o des répa- » rations locatives ; 4o des indemnités prétendues par le fermier ou » locataire, pour non-jouissance lorsque le droit ne sera pas contesté, » et des dégradations alléguées par le propriétaire. »

Mais depuis la promulgation du Code de Procédure civile, la loi de 1838 a modifié les attributions des juges de paix. Un grand nombre d'actions dont ils n'avaient pas antérieurement la connaissance leur ont été expressément attribuées. Quelques difficultés ont pu surgir sur le point de savoir quel était le juge de paix compétent pour chacun des nouveaux cas qui peuvent leur être soumis.

Pour la plupart des demandes purement personnelles , il ne saurait y avoir de doute. La règle générale devra toujours s'appliquer.

Mais il n'en est pas de même quand il s'agit d'actions en paiement de loyers ou fermages, congés, demandes en résiliation de baux, expulsion de lieux , demande en validité de faits gagerie. Ces actions sont bien personnelles ; elles naissent d'un contrat de bail. Néanmoins , l'art. 2 ne doit pas leur être appliqué, à cause de l'analogie qui existe entre ces actions et celle de l'art. 3. Ce sera ce dernier article qui devra recevoir son application.

Il faut ajouter que l'art. 2 du Code de Procédure civile doit êtré complété par l'art. 59 du même Code. S'il y a plusieurs défendeurs , le demandeur pourra les citer tous devant le juge de paix du domicile de l'un d'eux', à son choix.

Une autre exception aux règles indiquées de compétence des juges de paix *ratione personæ*, se trouve dans la disposition de l'art. 7 du Code de Procédure civile : « Les parties pourront toujours se présenter volontai-
» rement devant un juge de paix , auquel cas il jugera leur différend ,
» soit en dernier ressort , si les lois ou les parties l'y autorisent , soit à
» la charge d'appel, encore qu'il ne fût le juge naturel des parties , ni à
» raison du domicile du défendeur , ni à raison de la situation de l'objet
» litigeux. La déclaration des parties qui demanderont jugement, sera
» signée par elles , ou mention sera faite si elles ne peuvent signer. »

L'incompétence *ratione personæ* se couvre même implicitement (article 169) quand elle n'est pas proposée avant toutes autres exceptions ou défenses.

QUESTIONS.

Quelle est la valeur qu'on doit envisager pour savoir si une action excède la compétence des juges de paix ? — C'est la valeur de la demande.

Les parties pourraient-elles couvrir volontairement l'incompétence *ratione materiæ* d'un juge de paix. — Non.

Droit Criminel.

—

Des effets des circonstances aggravantes ou atténuantes par rapport aux diverses personnes qui ont participé au délit comme auteurs ou complices.

Avant d'entrer dans l'examen des effets des circonstances aggravantes ou atténuantes, il importe de bien connaître ce qu'on entend par ces mots circonstances aggravantes et circonstances atténuantes.

Circonstances aggravantes. — Circonstances atténuantes.

Ces mots semblent indiquer deux ordres d'idées qui sont la contre-partie l'une de l'autre. Cela est vrai , si l'on ne considère que leurs effets. Néanmoins, il existe entre eux une différence notable qui semble en faire deux systèmes bien distincts l'un de l'autre.

Les circonstances aggravantes sont des faits reconnus par la loi comme augmentant l'immoralité d'un fait punissable et par suite sa culpabilité. Quelles que soient les circonstances d'un délit, et par délit il ne faut pas seulement entendre les faits punis de peines correctionnelles, mais bien, à l'exemple du Code Pénal lui-même, prenant ce mot dans son acception la plus large, il faut lui faire désigner tout fait punissable. Quelles que soient, a-t-il été dit, les circonstances d'un délit, jamais il ne faudra leur reconnaître le caractère d'aggravantes, si ce caractère ne leur a pas été reconnu par la loi.

Au contraire, les circonstances atténuantes ne sont pas prévues par la loi. Elles sont toutes laissées à l'appréciation du jury, des tribunaux correctionnels ou de simple police, suivant la nature du fait incriminé.

Le jugement de condamnation doit indiquer quelles sont les circonstances aggravantes dont l'existence a été reconnue contre l'accusé. Il doit au contraire se borner à énoncer qu'il existe des circonstances atténuantes en faveur de l'accusé.

Effets des circonstances aggravantes ou atténuantes par rapport aux auteurs du délit.

Il a été dit que les circonstances aggravantes augmentent la culpabilité de l'accusé, par suite elles devront augmenter sa pénalité.

Mais dans quelle proportion devra-t-elle s'augmenter ? Les juges devront-ils appliquer le maximum de la peine indiquée par la loi pénale pour le fait incriminé ? Devront-ils appliquer une peine plus forte ? La loi a elle-même répondu à ces questions. En indiquant pour chaque nature de délits, quels sont les faits qu'elle regarde comme circonstances aggravantes, elle a soin d'indiquer aux juges quelle est la peine à appliquer lorsque ces faits existent. L'ensemble du Code Pénal montre le législateur attacher à certaines circonstances aggravantes une augmentation dans la durée de la peine ; d'autres fois l'existence de ces circonstances fait élever la nature de la peine appliquée au délit simple. Il est même des cas où la peine s'élève au point de faire monter dans la classe des crimes des faits qui, sans l'existence des circonstances aggravantes, seraient simplement punissables de peines correctionnelles.

Pour les circonstances atténuantes, le législateur ne pouvait agir de même. Puisque ce n'est pas à lui à indiquer les faits qui devront être tenus comme devant diminuer la culpabilité de l'accusé, il ne pouvait que tracer aux juges ce qu'ils auraient à faire lorsque l'existence de pareilles circonstances aurait été admise. C'est ce qu'il a fait dans l'art. 463 du Code Pénal, tel qu'il a été modifié en 1832.

Il résulte des dispositions de cet article que lorsque des circonstances atténuantes auront été admises en faveur d'un accusé, les juges, au lieu d'appliquer au condamné la peine appliquée par la loi à son délit, devront en général descendre d'un degré dans l'échelle des peines.

Il faut observer, néanmoins, que pour descendre d'un degré dans l'échelle des peines, il ne faut pas appliquer la peine qui vient immédiatement après celle infligée au crime ordinaire dans l'énumération de l'art. 7, mais bien celle qui vient immédiatement après, mais pour le même ordre de crimes. Ainsi, quoique la peine de la déportation soit intercalée entre celle des travaux forcés à perpétuité et celle des travaux forcés à temps, ce sera cette dernière peine qui sera appliquée lorsque des circonstances atténuantes auront été reconnues en faveur d'un accusé, qui, sans cela, aurait encouru la peine des travaux forcés à perpétuité.

Quelquefois les juges pourront descendre de deux degrés, au lieu d'un. Ainsi, pour un crime entraînant la peine de mort, les circonstances atténuantes feront changer cette peine en celle des travaux forcés à perpétuité. Dans ce cas, les juges pourront même n'appliquer que celle des travaux forcés à temps.

Quand le Code prononce le maximum d'une peine afflictive, au lieu d'appliquer la peine inférieure, les cours d'assises pourront appliquer le minimum de la peine prononcée par le Code.

Par suite de la déclaration de circonstances atténuantes, les tribunaux correctionnels peuvent abaisser la durée de l'emprisonnement au-dessous de six jours, et la valeur de l'amende au dessous de seize francs, même en cas de récidive.

Dans les cas où la loi prononce l'emprisonnement et l'amende, les tribunaux correctionnels peuvent prononcer séparément l'une de ces deux peines, et même substituer l'amende à l'emprisonnement, sans qu'en aucun cas elle puisse être au-dessous des peines de simple police.

6

Il faut ajouter que les dispositions de l'art. 463 du Code Pénal sont applicables aux tribunaux de simple police.

De l'effet des circonstances atténuantes et aggravantes par rapport aux complices du délit.

Les complices, nous dit le Code Pénal, sont punis de la même peine que les auteurs du délit (art. 59), sauf les cas où la loi en aurait disposé autrement.

La lettre de cet article a fait naître de graves difficultés d'application, difficultés qui doivent disparaître si l'on se pénètre bien du sens que le législateur a voulu attacher à cette disposition.

Et d'abord la loi a-t-elle voulu dire que le complice devra subir la même peine que celle qui sera prononcée contre l'auteur du délit ? Je ne puis admettre cette solution ; je crois que la loi a voulu dire que le complice d'un délit sera passible de la même peine que s'il était lui-même l'auteur du délit : ce qui est bien différent.

De ce sens de la loi, il résulte que des circonstances atténuantes peuvent être admises en faveur des complices lorsqu'elles n'ont pas été admises en faveur de l'auteur. Par suite, la pénalité s'abaissera en faveur du complice, tandis que l'auteur du délit sera condamné à la peine prononcée par la loi pour le délit dont il a été reconnu coupable.

De même, il pourra exister des circonstances aggravantes contre le complice, circonstances qui pourront ne pas exister contre l'auteur principal. Par suite, la pénalité du complice s'élèvera, tandis que l'auteur du délit ne sera condamné qu'à la peine appliquée par la loi au délit auquel il a participé.

Du principe posé plus haut, il faut également conclure que le complice ne jouira pas du bénéfice des circonstances atténuantes dont l'existence aura été reconnue en faveur de l'auteur du délit.

La difficulté devient plus grande lorsque des circonstances aggravantes ont fait élever la pénalité de l'auteur du délit. Ces circonstances devront-elles influer sur la peine à appliquer au complice ?

Si ces circonstances aggravantes sont inhérentes à la personne de l'auteur, je ne puis admettre que le complice doive souffrir de ces circonstances. En effet, s'il était l'auteur du délit, ces circonstances n'éxisteraient pas contre lui, et il a été dit que la loi veut que le complice soit puni de la même peine que s'il était l'auteur du délit.

Mais si ces circonstances aggravantes sont inhérentes à l'acte lui-même, la solution sera bien différente.

La loi veut que le complice soit puni comme s'il était lui même l'auteur du délit. S'il avait commis le délit, ces circonstances feraient augmenter sa culpabilité. Il doit donc en subir la conséquence.

Cette dernière solution peut paraître rigoureuse, lorsque le complice n'aura pas connu les circonstances du délit. Néanmoins elle est dans l'esprit de la loi.

QUESTIONS.

La déclaration de circonstances atténuantes produira-t-elle son effet en faveur d'un accusé contre lequel aura été reconnue l'existence de circonstances aggravantes ? — Oui.

Lorsque l'auteur et le complice d'un délit seront passibles de la même peine, sera-ce la même peine de fait ou bien la même peine de droit qui devra être appliquée ? — Ce sera la même peine de droit.

Cette Thèse sera soutenue, en séance publique, dans une des salles de la Faculté, le 20 Janvier 1859.

Vu par le Président de la Thèse,

CHAUVEAU-ADOLPHE.

Toulouse, Troyes Ouvriers Réunis, imprimeurs-libraires, r. St-Pantaléon.

www.ingramcontent.com/pod-product-compliance
Ingram Content Group UK Ltd.
Pitfield, Milton Keynes, MK11 3LW, UK
UKHW022216070726
13613UKWH00004B/1698